Hannes Kilian
Die Zerstörung
Stuttgart 1944 und danach

Hannes Kilian
Die Zerstörung
Stuttgart 1944 und danach

Mit einem Vorwort von Peter Lahnstein

Quadriga Verlag
J. Severin

CIP-Kurztitelaufnahme der Deutschen Bibliothek

Kilian, Hannes:
Die Zerstörung: Stuttgart 1944 u. danach/
Hannes Kilian. Mit e. Vorw. von Peter
Lahnstein. – Berlin: Quadriga-Verlag Severin, 1984.
ISBN 3-88679-110-6

Reihentypographie: Otl Aicher
Layout: Christian Chruxin
Redaktion: Christoph Pauselius
Mitarbeit: Wilhelm Busch, Peter Ruge
Lithographie: Schwitter, Basel
Gesamtherstellung: Süddeutsche
Verlagsanstalt, Ludwigsburg
ISBN 3-88679-110-6
Printed in Germany

Aus dem Inhalt

Dieses Buch ist der Bilder wegen gemacht. Ein Menschenalter nach dem Geschehen werden diese ungewöhnlichen, heimlich aufgenommenen Bilder erstmals im Zusammenhang veröffentlicht. Es sind Dokumente einer kurzen Phase kriegerischer Zerstörungspraxis. Bei aller Zerstörungswut per saecula saeculorum hat es vordem nichts von solchen Ausmaßen gegeben; und wenn die heute verfügbaren Vernichtungsmittel losgelassen würden, gäbe es keinen Weg mehr ins Leben zurück.

Stuttgart als Exempel? Sind nicht andere Städte – Dresden oder Berlin oder Würzburg – noch fürchterlicher getroffen worden? Gewiß. In Stuttgart sind am Ende 57,5% aller Gebäude zerstört oder schwer beschädigt gewesen, und 4562 Menschen sind ums Leben gekommen, ein Hundertstel der Vorkriegsbevölkerung – im nahe gelegenen Pforzheim mußte fast jeder Vierte im Bombenhagel sterben. Aber die Bilder vom Untergang einer Stadt, die hier gezeigt werden, verlieren nichts von ihrer Eindringlichkeit, wenn man weiß, daß sich hier nicht das Extreme, sondern das schauerlich Durchschnittliche ereignet hat. Mehrere Großangriffe im Hochsommer und im Herbst 1944 und im Januar und Februar 1945 haben das Gesicht dieser Stadt bis zur Unkenntlichkeit verwüstet.

Bei Nacht wurden die meisten großen Luftangriffe geflogen, unter dem Nachthimmel über der verdunkelten Stadt, angekündigt vom Angstgejaul der Sirenen, das die Schlafenden aus den Betten und über die Stiegen hinab in die Keller jagte. Zur Erhellung wurden Trauben von Leuchtkugeln abgeworfen, die glänzend und funkelnd langsam herabschwebten – »Christbäume« wurden sie von den Leuten genannt; ein unheimlich glänzender Anblick, wie überhaupt der Schrecken dieser Mord- und Brandnächte fürchterlich festliche Aspekte hatte. Wie Hagelschauer fielen Brandbomben, Brandstäbe, Sprengbomben auf die Stadt. Der Einschlag der ersten in der Nähe fallenden schweren Bomben war begleitet von einer seltsamen Musik, von einem Rieseln und Klingeln – tausend Fensterscheiben brechen innerhalb weniger Sekunden und fallen herab, klirrende Wasserfälle, höllisches Harfengeklimper. Die Erde bebt, der Keller wankt und füllt sich mit Staub, die Druckwellen der Detonationen schlagen wie mit Riesenfäusten gegen die Kellertür.

Wenn es dann für einmal vorbei ist – soweit sie nicht verstummt sind, melden die Sirenen mit langgezogenem Klageton Entwarnung – steigt man aus der stickigen Dämmerung des Kellers empor in eine Art Festbeleuchtung, die ins Ungeheure lodert, wenn man auf die Straße tritt – es flackert hell aus allen Fenstern, wie feurige Fahnen flattern die Gardinen aufwärts – der Untergang ist illuminiert.

Heulend kommt der Sturm geflogen,
Der die Flamme brausend sucht.
Prasselnd in die dürre Frucht
Fällt sie, in des Speichers Räume,
Und als wollte sie im Wehen
Mit sich fort der Erde Wucht
Reißen, in gewaltger Flucht,
Wächst sie in des Himmels Höhen
Riesengroß!
Hoffnungslos
Weicht der Mensch der Götterstärke,
Müßig sieht er seine Werke
Und bewundernd untergehn.

So steht es in Schillers Lied von der Glocke, das viele, die in den Bombennächten starben oder überlebten, in der Schule gelesen und gelernt hatten.

»Müßig« – das galt für die meisten, die mit dem Leben davongekommen waren in jenen Nächten und ohnmächtig den entfesselten Gewalten gegenüberstanden. Verzweifelte Kämpfe gegen die Flammen, Rettungs- und Bewahrungsversuche fanden in den Randzonen der Verwüstung statt, wo Glut und Feuersturm nicht allen menschlichen Bemühungen Hohn sprachen. Am Morgen danach, wenn die Brände eingesunken waren, das Niedergebrannte schwelte und stank, war die Stunde der Männer und männlich hart gewordener Frauen gekommen, die Suche nach eingeschlossenen, eingeklemmten Überlebenden, die Bergung von Leichen und von Sachen, die Fürsorge für die Obdachlosen und Hungrigen, das Wiederingangsetzen von Wasserversorgung und Eisenbahnverkehr.

Am Morgen danach wird auch offenbar, wie ein solchen Ereignis ein eisernes Würfelspiel war. Stadtviertel, die innerhalb einer Stunde zu Ruinenfeldern, Geröllhalden geworden waren, am Freitagmorgen Pompeji ähnlicher als dem Bild, das sie am Donnerstagabend geboten hatten, neben Stadtteilen, in denen kaum einige Fensterscheiben beschädigt waren. In derselben Straße zermalmte oder ausgeglühte Ruinen – und Häuser, wo nichts passiert war außer einigen zerbrochenen Fenstern, schwarzen Flocken im Vorgarten und auf dem Balkon – eine verrückte Lotterie mit tödlichen Treffern und schützenden Nieten. Aber die noch einmal Davongekommenen lebten in der Furcht vor dem nächsten Angriff.

Mit den letzten Bildern von Hannes Kilian wird ein neues Blatt in der Geschichte aufgeschlagen. Es ist die Zeit, als die Waffen schwiegen, keine Bomben mehr fielen auf das gebrochene und besetzte Land, und doch die Friedenszeit in ungewisser Ferne zu liegen schien. Da ist ein Augenblick im Bild festgehalten, wie ein Soldat aus dem geschlagenen Heer in den Trümmern seiner Stadt seiner Frau begegnet. Verwandelt sind beide durch die Schrecken des Krieges; sie erkennen sich und sind doch nicht mehr dieselben wie zuvor; untröstliches Wiedersehen. Wie Schemen stehen die Kameraden ringsum, ein stummer Chor.

Peter Lahnstein

Bombergeschwader im Anflug auf Stuttgart

Die Nacht vom 25. zum 26. Juli 1944

Das Straßenbahndepot am Vogelsang

Am Schillerplatz

Suche nach Verschütteten in der Schloß- und Friedrichstraße

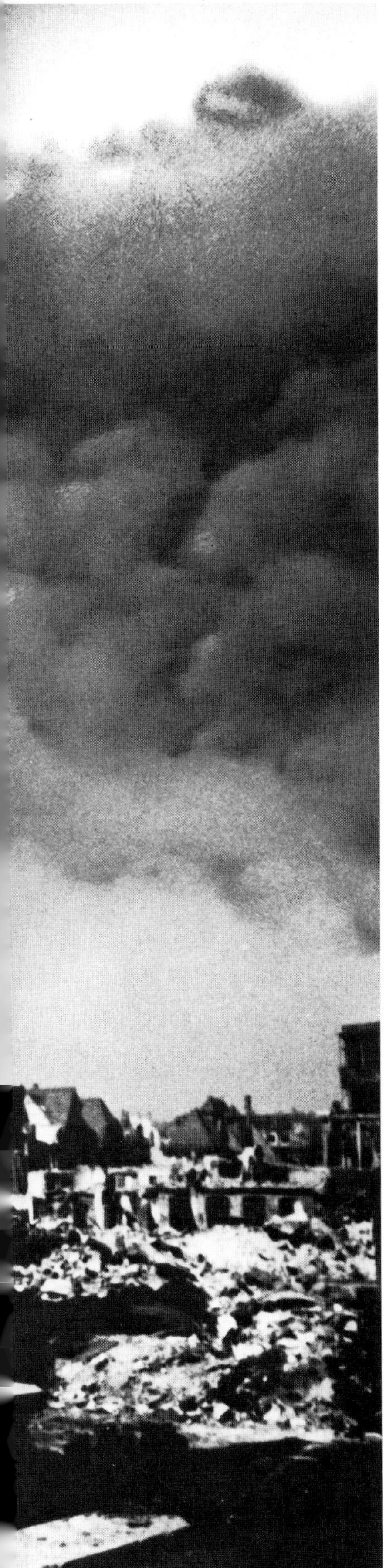

Die Kreuzigungsgruppe an der Leonhardskirche

Wir haben gesagt, in der Nacht, wenn ein Angriff kommt, gehen wir in den Bunker rüber. Sonst waren wir immer im Keller unten. Wir haben einen sehr guten alten Weinkeller gehabt, so ein gewölbter, die ja etwas sicherer waren als die normalen. Alle Schreibmaschinen und andere Wertgegenstände hat man da runtergetragen, wenn Voralarm war und man hat schon die Betten und so was runtergebracht.

Man hat ja nie gewußt, was kommt, und eine Frau, die mit uns im Haus war, die war herzkrank, und die hat manchmal arge Zustände gekriegt. Für uns Junge war das sicher leichter zu ertragen, aber für die Älteren, und die, die krank waren, da war es schrecklich, denn man wußte ja nie, wenn so ein Haus ganz eingeschüttet wird, wie das dann weitergeht. Und wir haben einen Ausstieg gehabt, der war gemeldet, das mußte man melden, und da haben wir immer gewußt, wenn jetzt unser Haus verschüttet ist, an der Stelle muß man zuerst graben. Es war alles gut organisiert damals.

Nach diesem ganz schweren Angriff im Juli 1944 war das für uns ganz schrecklich. Das Haus direkt unter uns war einfach in sich zusammengestürzt. Wir kannten natürlich auch die Leute, die da gewohnt haben, das waren unten drei und oben zwei Kinder. Und das Haus, das dann einfach nur noch ein Schutthaufen war. Und dann der Gedanke, wie furchtbar der Angriff gewesen wäre, wenn wir es im Keller miterlebt hätten.

Wir waren heilfroh, daß wir zum ersten Mal im Bunker gewesen sind. Und da standen wir halt dann den ganzen Morgen bei uns am großen Fenster, von wo wir das Haus sehen konnten, und sahen, daß die immer noch buddelten und bohrten, und kamen nicht weiter, aber es kamen immer noch Klopfzeichen. Das muß man mal miterlebt haben, wie einem dann zumute ist. Es war einfach schrecklich. Aber, wissen Sie, man hat sich an die Sache auch irgendwie gewöhnt, das ist das Eigenartige. Ich habe zum Beispiel monatelang nicht meine Haare aufgelöst, gewaschen und gerichtet.

Man mußte ja bereit sein, wenn Voralarm kam, geschwind seine Sachen zu packen und in den Keller oder Tunnel zu laufen. Bereitsein war alles. Es stand ja auch an den Hauswänden, das war die Parole damals. Da hat man seinen Koffer genommen, das Nötigste lag immer griffbereit, und dann ist man einfach gelaufen, bei Tag am Anfang noch in den Bunker, und später immer in den Tunnel. Es war zwar ein irrsinniger Weg dahin, man mußte ja auch ein Stück raufsteigen, aber man hat sich eben sicher gefühlt.

Frau N., Stuttgart

. . . in Cannstatt das Haus, da standen nur noch die Steinfassaden, das Haus innen war total leergebrannt. Die Leute dort sind raus, haben draußen keine Luft gekriegt, sind wieder in den Keller runter, dann brach die Bude ein, und die Leute saßen unten. Ich weiß nicht wie viele sind einfach umgekommen, weil sie nicht mehr rauskamen, im Keller gefangen, wie eine Maus. Sie wurden dann ausgegraben, aber erst nach ein paar Wochen. Wenn man sich vorstellt, wie die umgekommen sind.

Herr M., Vaihingen

Und die zweite Nacht, wie das vorbei war, da hieß es dann, daß Stuttgart brennt und da sind wir dann schon gelaufen von Degerloch runter auf die Stadt, und das war wie eine riesige Schüssel mit Feuer. Es hat halt mächtig geraucht und fast so, als ob sie von unten angeleuchtet war. Da hab ich geglaubt, das hat niemand überlebt.

Herr R., Stuttgart

Tagesangriff auf Zuffenhausen am 10. September 1944 in der Böhringerstraße

Vor einem Luftschutzkeller in der Neckarstraße

Abb. oben: Brennende Calwer Straße

In der Ludwigsburger Straße in Zuffenhausen

Colmarer Straße in Zuffenhausen am
10. September 1944

Nach dem Tagesangriff in Zuffenhausen

Ausgebombt – in der Ludwigsburger Straße in Zuffenhausen

Feuerwehr und ziviler Luftschutz bei Löscharbeiten

Tagesangriff auf Untertürkheim im September 1944 (aufgenommen aus der Lenaustraße)

Das OKW gibt bekannt:

26. Juli 1944

Im Verlauf der schweren Kämpfe südlich Caen gelang es dem Feind, westlich der Straße Caen–Falaise in unsere Stellungen einzubrechen und weitere Infanterie- und Panzerkräfte nachzuführen. Unsere fanatisch kämpfenden Truppen verhinderten jedoch das Ausweiten der feindlichen Einbrüche und traten dann in den Nachmittagsstunden zum Gegenangriff an. Nach erbitterten Kämpfen waren am Abend die alten Stellungen wieder voll in unserer Hand. Die Verluste des Feindes sind hoch. 18 Panzer wurden abgeschossen.

Auch nordwestlich St. Lo tobt eine Abwehrschlacht großen Ausmaßes. Nachdem die ersten feindlichen Angriffe, die unter stärkster Artillerie- und Luftwaffenunterstützung vorgetragen wurden, abgewiesen waren, gelang es dem Feind an einigen Stellen in unsere Front einzudringen und die Straße St. Lo–Periers nach Südwesten zu überschreiten. Gegenangriffe sind im Gange.

Seit den heutigen Morgenstunden haben die Kämpfe mit großer Wucht auch auf den Raum nördlich Periers übergegriffen.

Schlachtflieger griffen feindliche Bereitstellungen im Landekopf mit gutem Erfolg an und beschädigten vor der Küste ein großes Transportschiff schwer. In Luftkämpfen wurden 11 feindliche Flugzeuge abgeschossen.

Im südfranzösischen Raum wurden wiederum 110 Terroristen im Kampf niedergemacht.

Schweres V-1-Vergeltungsfeuer liegt weiterhin auf dem Großraum von London.

In Italien hat der Großangriff gegen den Raum südlich Florenz begonnen. Der erwartete Durchbruch ist dem Gegner nicht gelungen. Erst nach schwersten Kämpfen und unter besonders hohen Verlusten konnte er geringen Geländegewinn erzielen. Weitere Angriffe gegen unsere neuen Stellungen wurden zerschlagen. Nördlich Arezzo und beiderseits des Tiber scheiterten feindliche Angriffe unter Abriegelung örtlicher Einbrüche. An der adriatischen Küste trat der Feind erneut zum Angriff an. Heftige Kämpfe sind dort noch im Gange.

Kampffähren der Kriegsmarine beschädigten vor der westitalienischen Küste zwei britische Schnellboote.

Bei Angriffen auf Nachschubgeleite in der Ägäis brachten Sicherungsfahrzeuge der Kriegsmarine, Bordflak und Jagdflieger von 15 angreifenden Bombern 7 zum Absturz.

In Galizien brachen zwischen dem oberen Dnjestr und Lemberg zahlreiche von Panzern unterstützte Angriffe der Sowjets blutig zusammen. Im Stadtgebiet von Lemberg warfen unsere Truppen den Feind im Gegenangriff zurück.

Im Abschnitt einer Armee wurden in der Zeit vom 14. bis 23. Juli 553 feindliche Panzer abgeschossen. Hierbei hat sich die hamburgische 20. Panzer-Grenadier-Division unter Führung von Generalleutnant Jauer besonders ausgezeichnet.

Im Kampfraum zwischen oberen Bug und Weichsel gewann der Feind gegen den San und den Raum von Lublin weiter Boden. Südöstlich Lublin wurden dagegen alle feindlichen Angriffe zerschlagen.

Zwischen Brest–Litowsk und Grodno sowie östlich und nordöstlich Kauen scheiterten alle feindlichen Durchbruchsversuche an der zähen Abwehr unserer Divisionen.

Auch an der Front zwischen Dünaburg und dem Finnischen Meerbusen errangen unsere Truppen gegen alle Durchbruchsangriffe der Bolschewisten einen vollen Abwehrerfolg. 47 feindliche Panzer wurden dort abgeschossen.

Hauptmann Weißenberger, Gruppenkommandeur in einem Jagdgeschwader, errang an der Ostfront seinen 200. Luftsieg.

Feindliche Bomberverbände griffen Orte in West- und Südostdeutschland an. Besonders in Stuttgart entstanden durch einen erneuten Terrorangriff Schäden und Personenverluste.

Einzelne feindliche Flugzeuge warfen außerdem Bomben auf das Gebiet der Reichshauptstadt und auf Orte in Ostpreußen.

Luftverteidigungskräfte brachten 51 feindliche Flugzeuge zum Absturz.

Nach einem Tagesangriff im Stadt-
innern

Tagesangriff auf den Bahnhof Stuttgart-Zuffenhausen am 10. September 1944

Bombentrichter und aufgerissene Straßenbahnschienen in der Tübinger Straße

Zerstörungen in der Tübinger Straße in der Nähe der Marienkirche und Silberburgstraße

Säulenrest eines Trägers aus dem Bürgermuseum

Im Nesenbachviertel

Schuttbeseitigung auf dem Leonhards-
platz

Blick vom ausgebrannten Wilhelmsbau auf das Kaufhaus Breuninger (rechts) und das Rathaus (Mitte)

In der Dorotheenstraße mit dem niedergebrannten Haus »König von England«

Abb. oben: Im Nesenbachviertel

Die Königstraße, Juli 1944

Abb. oben: Ecke Calwer- und Kienestraße

Blick aus der zerstörten Kronprinzstraße durch die Kienestraße zur Stiftskirche nach den Bombenangriffen vom 25. und 26. Juli 1944

Die Stiftskirche

Abb. oben: An der Hirschstraße

Blick aus der Stiftstraße durch das Hauptportal in die Stiftskirche

Abb. oben: Das zerstörte Spielwarenhaus Kurtz am Marktplatz, Ecke Kirchstraße

Die Stiftskirche

Der Marktplatz im Juli 1944, Schulstraße (links), Altes Schloß (rechts)

Blick aus der Rathaus-Ruine über den Marktplatz zur Kirchstraße

Abb. oben: Ruinen Ecke Schulstraße

Blick aus der Rathaus-Ruine auf die Schulstraße (links) und die Kirchstraße (rechts)

Kaufhaus Breuninger und Markstraße. Links die Münzstraße

Abb. oben: Blick auf Marktplatz und Markthalle

Blick auf den Turm der Stiftskirche im Juli 1944

Geschäftshaus Neeff am Marktplatz
im Juli 1944

Arkadenbogen der Firma Papier-Haufler am Marktplatz, Blick Richtung Marktstraße

Ecke Marktplatz und Schulstraße, Reste vom Gebäude der Firma Korb-Mayer

Abb. oben: Markstraße zum Marktplatz mit Rathaus

Blick auf Leonhardsplatz und Hauptstätter Straße, rechts die Nesenbachstraße

Rechts die Schaufensterfront vom Kaufhaus Breuninger. Blick durch die Markstraße zum Marktplatz, links Eberhardstraße

Der Marktplatz nach den Angriffen
am 26. Juli 1944

Erster Weihnachtsfeiertag 1944

Lieber Eugen!

Heute, an Weihnachten, gedenke ich besonders Deiner und auch all unserer Soldaten, die nun draußen an der Front stehen und kämpfen müssen. Denkst Du wohl auch ein bißchen an Cannstatt? Wo wirst Du jetzt sein, wie und wo wirst Du Weihnachten verbringen müssen. Hoffe, daß bei Euch diese Tage doch etwas angenehm verlaufen. Wir selbst haben einen Teil des Heiligen Abends im Bunker verbracht, da in den frühen Abendstunden schon die Sirene heulte, allerdings nur Voralarm, aber die Else S. geht nachts auch bei Voralarm in den Bunker. Sie rennt nun fast so schnell wie Manfred. Im Bunker wurde auch ein Christbaum aufgestellt und die Ortsgruppe Kursaal ließ es sich nicht nehmen, den anwesenden Kindern eine kleine Freude zu bereiten. Jedes der Kinder durfte an den Lichterbaum kommen und erhielt dann etwas Gebäck. Unser Bunkeransager ›Alfred Hofele‹, den Du ja vom Reichssender Stuttgart her kennen solltest, hat dann noch einige Gedichte vorgetragen und zum Schluß hat dann die Bunkergesellschaft noch Weihnachtslieder gesungen. Mir selbst war es nicht nach singen, das Weinen war mir nahe. Es ist mir einfach schwergefallen. Glaube bestimmt, daß ich nicht die einzige war, denn vielen hat man angesehen, daß es ihnen schwerfiel. Auch viele Tränen werden wohl geflossen sein.

Heute lassen uns die Flieger auch keine Ruhe. Ein Voralarm löst den anderen ab. Zur Zeit haben wir auch wieder Voralarm und vor etlichen Minuten bin ich in den Keller gerannt, als die schwere Flak zu schießen begann. Jetzt ist es wieder ruhig.

Gestern abend habe ich bei meinem Vetter bzw. bei dessen Söhnchen Peterle das Christkind gemacht und beinahe hätte ich im Nachthemd in den Bunker springen müssen.

Wenn Du hier gewesen wärst, hätte ich bei Dir den Niklaus gemacht. Die Sirene hat eine Entwarnung gegeben und hoffentlich lassen sie uns jetzt vollends in Ruhe.

Lieber Eugen, mache mir so Sorgen um Dich, da ich schon lange keine Post mehr von Dir erhielt. Eigentlich ist das Wort ›lange‹ etwas übertrieben, denn es sind erst 10 Tage. Mir kommt es vor, als wenn ich schon wochenlang keine Post mehr von Dir erhalten hätte. Du hast mich eben etwas verwöhnt mit der Post. Ein Brief von Dir wäre mein schönstes Weihnachtsgeschenk gewesen, noch schöner: wenn Du persönlich gekommen wärst.

Diese Woche muß ich nicht mehr arbeiten. Unser Betrieb wird erst wieder am 2. Januar geöffnet. Habe nichts dagegen. Wir haben geschlossen, weil der Betriebsführer über Weihnachten aufs Land gefahren ist und wahrscheinlich erst im Neuen Jahr wiederkommen wird. Dem Sirenengeheule ist er entronnen.

Von unserem Hermännchen haben wir zu Weihnachten auch noch keine Post erhalten. Er wird wohl noch in Garmisch sein.

Eben kommt die Frau meines Vetters und jammert, weil sie keine Post erhalten hat von ihrem Mann. Bin also nicht die einzige, die keine Post erhielt. Ich weiß ja, daß Du nicht mehr so viel Zeit hast zum schreiben, aber daß Du mir seit dem 7. des Monats schon wieder einmal geschrieben hast, das glaube ich bestimmt. Es liegt eben an der Beförderung. Werde nicht mehr auf so dumme Gedanken kommen wie damals vor dem Kino in der Tübinger Straße, wo ich auf den Gedanken kam, Du könntest mich versetzen. Weißt Du noch? Nun habe ich den Satz etwas verkehrt geschrieben, denn die Frau meines Vetters will mir die schönsten Liebesbriefe diktieren. Sie redet immer dazwischen.

Nun, lieber Eugen, hoffe ich, daß es Dir noch gutgeht und kann dies auch von mir berichten.

Sei für heute recht herzlich gegrüßt und innig geküßt
von Deiner Else

Lieber Vater!

Du wirst ja inzwischen gehört haben, daß der Tommy uns besucht hat. Hier in Rohr ist nicht viel passiert. Ein Volltreffer mit 4 Toten und dann eben die üblichen Dächer und Fensterscheiben. Mein Küchenfenster ist nur kaputt. So sind wir nochmals mit dem Schrecken davongekommen. Es war eine böse Nacht. In Vaihingen sieht es bös aus. Besonders die Gegend Endstation. Ich habe gestern nach Frau O. sehen wollen und fand sie vor einem Trümmerhaufen stehen. Sie hat alles verloren. Das ganze Haus und noch viele umliegende sind ein Trümmerhaufen. Gebrannt hat's bei ihr nicht und so kann sie, wenn der Schutt abgeräumt wird, vielleicht noch aus dem Keller was retten. In nächster Nähe ging eine Luftmine runter und das Haus bekam noch Sprengbomben.

Holzapfel ist auch so ziemlich kaputt. Dann wieder hat es gebrannt. Unser Holzlagerplatz in Rohr und das Aluminiumwerk in Vaihingen. Dann ist Kaltental zwischen Vaihingen und Heslach so ziemlich ganz kaputt und Heslach schwer beschädigt bis zum Platz der SA.

Ich fuhr am Freitag früh gleich runter nach Stuttgart, da ich mir Sorgen machte. Mit Mühe und Not kam ich durch bis zu den Eltern. Sie haben viel Glück gehabt. Gegenüber in den Gärten ging eine Mine hoch. Alle Scheiben sind kaputt und das Dach ist runter. Verschiedene Häuser in nächster Nähe sind vollkommen zusammengefallen und der Spital hat viermal gebrannt. Es sieht also bös aus. Von Kaltental bis Rohr ist keine Verbindung und man muß zu Fuß gehen. Da kannst Du Dir ja ungefähr ein Bild machen, wie's aussieht. Es hat diesmal viele Tote gegeben. Z. B. ist in einem Haus mit 15 Toten noch 1 Kind lebend geborgen worden.

Ob dies der letzte Angriff war?

Oben bei uns im Wald liegt ein abgeschossener Bomber.

Sicher hattet Ihr ja auch Alarm die vergangenen Tage. Hoffentlich geht es Dir gut. Bübchen hat die ganze Angriffsnacht verschlafen, das war ein Glück.

Auch noch herzlichen Dank für Deinen Brief. Deinen Besuch mußt jetzt eben verschieben, bis kein so arges Durcheinander mehr ist. Frau O. läßt Dich grüßen. Sie ist in Vaihingen untergebracht und ihr Hubert ist schon gekommen. Herr O. ist etwas verletzt worden.

Nun, lieber Vater, wünsche ich Dir alles Gute und grüße Dich recht herzlich
Deine Elfriede und Eberle

Lieber Herr S.

Ich hoffe, daß Sie gut aus dem zerstörten Stuttgart herausgekommen und gesund dort gelandet sind. Auch mir ist es wie Ihnen gegangen, jedoch brauchte es bei mir zwei Angriffe dazu. Am 26. 7. habe ich mein Betrieble verloren und am 12. 9. meine Wohnung. Ich bin jetzt bei meinem Schwiegervater untergeschlupft und, da ich meinen Betrieb wegen Nichtbeschaffung der benötigten Apparate und zuwenig Unterstützung nicht wieder aufbauen kann, bei einer Feuerbacher Maschinenfabrik als techn. Kaufmann tätig. Ich habe Ihnen vor längerer Zeit einen Füllhalter zur Reparatur gebracht. Ich nehme an, daß noch die Möglichkeit besteht, diesen zu bekommen und wäre Ihnen für eine baldige Übersendung sehr dankbar.

Freundlichen Gruß auch an Ihre Frau Gemahlin
Ihr U.
Stuttgart, den 28. 9. 44

Adelbergerhof, früher Klostergasse,
Blick zum Kaufhaus Breuninger

Blick aus dem ausgebrannten Wilhelmsbau

Der Hauptbahnhof mit dem zerstörten Reichsbahn-Hotel am Hindenburgplatz (heute Arnulf-Klett-Platz)

Abb. unten: Auf der Flucht am Hauptbahnhof

Das Kleine Haus der Württember-
gischen Staatstheater

Hofbibliothek in der Akademie

Innenhof der Akademie hinter dem
Neuen Schloß

Torso des Germanicus in den Anlagen
vor der Oper

Erste Zerstörungen am Neuen Schloß,
2. März 1944

Die Innenmauern der Akademie an der Planie

Abb. oben: Die Akademie, im Hintergrund die Landesbibliothek

Graf Eberhard im Bart. Standbild im Hof des Alten Schlosses

Im Hof des Alten Schlosses

Aus den Galerien des Alten Schlosses ein Durchblick auf den zerstörten Innenhof

Abb. links oben: Altes Schloß. Herabgestürzte Kapitelle von Säulen von den Galerien im Innenhof. Im Vordergrund eine ausgebrannte Benzinflammstrahlbombe

Abb. rechts oben: Altes Schloß

Passage der Ladenstraße im hinteren Königsbau

Blick von der Kunstgalerie Valentien im Königsbau zur Fürstenstraße

Blick durch die Ruine des Königsbaus
zum Schloßplatz

Am Königsbau

Bolzstraße, rechts der Königsbau

Vor der Schlosserei Waibel

Abb. oben: In der Friedrichstraße. Oben das Schild des Restaurants »Alte Post«

Die Hauptpost, Eingang Fürstenstraße

Der Reichsminister des Innern

Berlin, den 25. Januar 1943
NW 7, Unter den Linden 72
. . . . .

I RA 6060/43
268 LW

Schnellbrief

An
. . . . .

Betrifft: Notdienstverpflichtung von Schülern für den Kriegshilfeeinsatz in der Luftwaffe.
Vorgang: Mein Erlaß gleichen Betreffs vom 19. 1. 1943
– I RA 6010/43 – 268 LW –

I.

Der Reichsminister der Luftfahrt und Oberbefehlshaber der Luftwaffe, der Leiter der Parteikanzlei, der Reichsminister des Innern, der Reichsminister für Wissenschaft, Erziehung und Volksbildung und der Jugendführer des Deutschen Reiches haben folgende gemeinsame

Anordnung

über einen Kriegshilfseinsatz der deutschen Jugend in der Luftwaffe getroffen:

1.

Zur Wahrnehmung von Hilfsdiensten bei Einheiten der Luftwaffe am Schulort und in dessen unmittelbarer Umgebung stehen dem Reichsminister der Luftfahrt und Oberbefehlshaber der Luftwaffe alle Schüler der höheren und der mittleren Schulen, die das 15. Lebensjahr vollendet haben, bis zur Einberufung zum Reichsarbeitsdienst oder zum Wehrdienst als Luftwaffenhelfer für den Kriegshilfseinsatz zur Verfügung.

2.

Schüler, die in Internaten wohnen, können geschlossen im Reichsgebiet auch außerhalb des Schulortes eingesetzt werden. Die Einsatzorte bestimmt in diesen Fällen im Auftrage des Reichsministers der Luftfahrt und Oberbefehlshabers der Luftwaffe der Luftwaffenbefehlshaber Mitte im Benehmen mit dem Reichsminister für Wissenschaft, Erziehung und Volksbildung, bei den Schulen der Partei und dem großen Militärwaisenhaus in Potsdam im Benehmen mit den hierfür zuständigen Dienststellen.

3.

Der Umfang der Heranziehungen zum Kriegshilfseinsatz richtet sich nach dem jeweiligen Bedarf.

Den Bedarf stellt der Reichsminister der Luftfahrt und Oberbefehlshaber der Luftwaffe laufend fest.

Nach seinen Weisungen werden herangezogen im Gebiet des Großdeutschen Reiches mit Ausnahme des Protektorates Böhmen und Mähren

A. Aus den öffentlichen und privaten höheren Schulen einschließlich der nationalpolitischen Erziehungsanstalten und der deutschen Heimschulen, der Adolf-Hitler-Schulen und der Reichsschule der NSDAP Feldafing
ab 15. 2. 1943 die Schüler der Geburtsjahrgänge 1926 und 1927 aus den Klassen 7 und 6,
ab 1. 8. 1943 die Schüler der Geburtsjahrgänge 1926 und 1927, die gegenwärtig die Klasse 5 besuchen,

B. aus den öffentlichen und privaten mittleren Schulen (Mittelschulen und Hauptschulen mit weiterführenden Klassen)
ab 15. 2. 1943 die Schüler der Klasse 6, soweit sie den Geburtsjahrgängen 1926 und 1927 angehören,
ab 1. 8. 1943 die Schüler der Geburtsjahrgänge 1926 und 1927, die gegenwärtig die Klasse 5 besuchen.

4.

Die Schüler werden nach Anordnung des Reichsministers für Wissenschaft, Erziehung und Volksbildung durch die Schulen erfaßt und **auf Grund der Notdienstverordnung nach den Weisungen des Reichsministers des Innern zum Kriegshilfseinsatz herangezogen.**

...

Eine Veröffentlichung dieses Erlasses erfolgt nicht.

Frick

Heranziehung von Schülern zum Kriegshilfseinsatz der deutschen Jugend in der Luftwaffe

An Frau *Hanna I.*, in *N.*, *Frankenstr. 3*
(als Erziehungsberechtigten des nachstehend genannten Schülers)

Die deutsche Jugend der höheren und mittleren Schulen wird dazu aufgerufen, in einer ihren Kräften entsprechenden Weise bei der Luftverteidigung des Vaterlandes mitzuwirken, wie dies in anderen Ländern schon lange geschieht. Schüler bestimmter Klassen der genannten Schulen sollen als Luftwaffenhelfer für Hilfsdienste bei der Luftwaffe eingesetzt werden.

Hierfür wird der Schüler *Hans-Georg Isermeyer,* geboren am *15. 1. 1928,* des *Staatlichen Gymnasiums* in *Nordhausen* auf Grund der Notdienstverordnung vom 15. Oktober 1938 (Reichsgesetzbl. I S. 1441) bis auf weiteres zum langfristigen Notdienst herangezogen und der Luftwaffe zur Dienstleistung zugewiesen.

Er hat sich am *10. Januar* 1944 um *6.25 Uhr vor dem Hauptbahnhof* zu melden. Der Einsatz erfolgt vorläufig außerhalb des Schulorts.

Die Schüler werden geschlossen der Einsatzstelle zugeführt.

Dieser Heranziehungsbescheid ist mitzubringen.

Die umstehenden »Anordnungen« sind genau zu beachten.

Nordhausen, den *30. Dezember* 1943

Der Oberbürgermeister
(Unterschrift des Polizei-Präsidenten,
Polizei-Direktors
Oberbürgermeisters oder Landrats)

Reichsarbeitsdienst- und Flakhelfer
bei der Essensausgabe

Der Feuerwehrhydrant am Leonhardsplatz als einzige Wasserquelle

Kartoffeln werden ausgegeben

Auf der Suche nach Heizmaterial in der Leuschnerstraße

Abb. oben: Tankwagen übernehmen die Wasserversorgung

Provisorische Kochgelegenheit

Breite-, Ecke Königstraße

Informationen durch Flugblätter

Zwischen dem Gustav-Siegle-Haus
und der Hauptstätter Straße

Kaufhaus Spiecker am Marktplatz (der Charlottenplatz hieß im Dritten Reich Danziger Freiheit)

Zwischen der Leonhardskirche (links)
und dem Gustav-Siegle-Haus (rechts)

Das zerstörte Hauptschiff der Leonhardskirche im Juli 1944

Die Leonhardskirche von der Hauptstätterstraße aus gesehen

Abb. oben: Die Leonhardskirche, aus der Lazarettstraße gesehen

Der Nachtwächterbrunnen auf dem Leonhardsplatz

Die Leonhardskirche aus der Lazarett-
straße gesehen

Das Katharinen-Hospital

Schwestern des Katharinen-Hospitals und Hilfskräfte bergen Gebrauchsgegenstände

Gerhart Hauptmann hat im Alter von 82 Jahren von einem in der Nähe gelegenen Sanatorium aus den Untergang Dresdens erlebt, im Februar 1945. Sein Begleiter Gerhard Pohl berichtet und zitiert auch des Dichters eigenen Klagetext.

So brach der 13. Februar 1945 an. Wieder strahlte die Wintersonne über dem strahlenden Elbflorenz. Gerhart Hauptmann war in ›Schöpferstimmung‹, wie er das Hochgefühl des eigenen Daseins zu nennen pflegte. Er machte einen Morgenspaziergang und diktierte anschließend das wunderbare Gedicht ›Zauberblume‹, das nunmehr für immer das Datum von Dresdens Untergang trägt.

Davon ahnte die kleine Tafelrunde in dem Parkhäuschen des Sanatoriums nichts, die in friedlicher Stimmung zu Mittag aß. Danach schlief Hauptmann lange. Die gewohnte Teestunde mit seiner Frau verlief in schöner Eintracht. Anni las vor, der Alte meditierte. Nach dem Abendbrot beratschlagte man, ob es nicht netter sei, in das Hotel Bellevue am Elbufer zu übersiedeln.

Drei Stunden später war es ein Flammenmeer und am nächsten Morgen – ein Haufen qualmenden Schutts. Als die Sirenen um 21 Uhr Luftgefahr meldeten, ahnte wohl keiner der 600 000 Einwohner und der rund 200 000 Flüchtlinge aus dem Osten, die sich gerade in Dresden aufhielten, daß dieses durchdringende Heulen das Grablied für eine der schönsten Städte der Welt war.

Gerhart Hauptmann, der besonders früh zu Bett gegangen war, schlief in diesem Augenblick schon tief. Man weckte ihn nicht. Was sollte in dieser Stadt ohne namhaftere Rüstungsindustrie geschehen? Zumal auf den Loschwitzer Höhen mit ihren Sanatorien, Lazaretten und Villen? War nicht der Luftangriff vom 16. Januar auch nur ein Störflug gewesen? So dachte man . . .

Inzwischen haben die Spitzen der feindlichen Kampfverbände das Stadtgebiet erreicht. Ein Krachen, Dröhnen, Tosen, Rauschen erhebt sich, als ob der Erdball in tausende Stücke berste. Kein Mensch, der diesen unheimlichen Augenblick miterlebt hat, wird ihn jemals vergessen. Und keiner vermöchte aus dem eigenen Bewußtsein zu sagen, ob er Sekunden oder – Stunden gedauert hat. 800 000 Menschen waren die erstarrten oder schon vernichteten Zeugen des modernen Höllensturzes.

Auch auf den Loschwitzer Höhen war das Inferno spürbar. Das Licht verlosch, die Scheiben zerklirrten, die Möbel in dem Häuschen fielen um.

Frau Margarete und Anni hatten Hauptmann aus dem Bett gerissen. Sie halfen dem Schlaftrunkenen in Hose, Jacke, Mantel. Der Greis begriff lange nicht, was vorging. Zu dritt saßen sie schweigend in dem kalten Keller bis zum Morgengrauen.

Inzwischen hatte die Flutwelle aus Feuer, Glut und Qualm den Stadtkern Dresdens überschwemmt. Von Blasewitz bis Löbtau schossen tausende rote, violette, gelbe, schwarzbraune, grünlichweiße, bläulichschimmernde, opalene Flammen-Fontänen auf, die bald ineinander flossen. Der vordem wolkenlose Himmel war plötzlich mit den seltsamsten Gebilden aus Dampf, Lohe und gewittrig dahinstürmendem Qualm bedeckt, aus dem immer neue ›Blitze‹ zuckten. Und ein nie gehörtes Singen war in der Luft, ein unbekannter heftiger Sog. Ein Feuersturm von diesem Ausmaß war wohl niemals vordem erlebt worden.

Im ersten Frühlicht wankte der alte Hauptmann über Scheiben und Möbelbruch des Parkhäuschens in sein Bett zurück. Er war maskenstarr, versteift und stumm. Für ein paar Augenblicke hatte er den farbenschillernden Morgenhimmel im Widerschein der tausende Brände und das jagende ›Gewölk‹ des Feuersturms wahrgenommen. Die grauen Schleier des Aschenregens hatten das unrasierte übernächtigte Gesicht berührt. Noch hatte er kein Bild von dem Ausmaß der Zerstörung.

Schlafen, schlafen ... Er sehnte sich in die Welt seines starken innigen Traums zurück, aus der er jäh verjagt war. Doch der Schlaf blieb aus. Die Unruhe des Aufräumens, der Brandgeruch und die Kälte in dem scheibenlosen Zimmer trieben den Greis bald wieder aus dem Bett.

Er ging in den Park hinaus. Der Anblick des Flammenmeeres unter ihm, das bis zu den fernen Horizonten reichte, war unfaßbar ... »Mein Dresden, mein Kleinod«, stammelte Hauptmann entsetzt, und Tränen traten in die großen alten Augen.

Er spürte den schmutzigen Nieselregen aus Wasser und Asche nicht mehr. Den Rücken hatte er fest an einen Baum gestemmt, um vor Aufregung und Schwäche nicht umzusinken. Der Schlapphut war tief in das Gesicht gezogen.

In der noch immer steigenden Springflut aus Glut und Qualm waren Einzelheiten kaum erkennbar. Von Oberloschwitz aus wirkte Dresden wie ein zweites Sodom. Zuweilen riß im Sog des Flammensturms das unwahrscheinliche ›Gewölk‹ für ein paar Sekunden auf. Da stand von goldenen Fünkchen umtanzt Chiaveris Hofkirche mit dem elegantesten Turm der Welt. Wie lange würde sie dem Unheil widerstehen ...?

Hauptmann blieb an den Baum gelehnt. »In diesem Augenblick wollte ich sterben«, sagte er später in Agnetendorf zu mir.

In der betränten ersten Tod-Bereitschaft war das dichterische Genie noch einmal aufgerufen, durch Worte gültig auszusagen, was das Herz erlitt.

»Wer das Weinen verlernt hat ...«, flüsterte der Greis in den brenzeligen nassen Qualm, der sich die Loschwitzer Höhen hinanwälzte. Und in dem Entsetzen über das Verbrechen löste sich Satz um Satz von seinen Lippen.

Ein aufwühlendes Stück deutscher Prosa von unvergänglichem Charakter – Totenklage auf Dresden wurde aus dem ersten tiefen Schmerz geboren. Die endgültige Fassung, die Hauptmann später in einem Zug diktierte, lautet:

»Wer das Weinen verlernt hat, der lernt es wieder beim Untergang Dresdens. Dieser heitere Morgenstern der Jugend hat bisher der Welt geleuchtet. Ich weiß, daß in England und Amerika gute Geister genug vorhanden sind, denen das göttliche Licht der Sixtinischen Madonna nicht fremd war und die von dem Erlöschen dieses Sterns allertiefst schmerzlich getroffen weinen.

Und ich habe den Untergang Dresdens unter den Sodom- und Gomorrha-Höllen der feindlichen Flugzeuge persönlich erlebt. Wenn ich das Wort »erlebt« einfüge, so ist mir das jetzt noch wie ein Wunder. Ich nehme mich nicht wichtig genug, um zu glauben, das Fatum habe mir dieses Entsetzen gerade an dieser Stelle in dem fast liebsten Teil meiner Welt ausdrücklich vorbehalten.

Ich stehe am Ausgangstor des Lebens und beneide alle meine toten Geisteskameraden, denen dieses Erlebnis erspart geblieben ist.

Ich weine. Man stoße sich nicht an dem Wort weinen; die größten Helden des Altertums, darunter Perikles und andere, haben sich seiner nicht geschämt.

Von Dresden aus, von seiner köstlich-gleichmäßigen Kunstpflege in Musik und Wort, sind herrliche Ströme durch die Welt geflossen, und auch England und Amerika haben durstig davon getrunken.

Haben sie das vergessen?

Ich bin nahezu dreiundachtzig Jahre alt und stehe mit einem Vermächtnis vor Gott, das leider machtlos ist und nur aus dem Herzen kommt: es ist die Bitte, Gott möge die Menschen mehr lieben, läutern und klären zu ihrem Heil als bisher.«

Hauptmann, noch immer an den Baum gelehnt, war erschöpft. Die Tränen strömten über das faltige Gesicht. Schließlich ging er in das Parkhäuschen, das man anstelle des beschädigten für ihn gerichtet hatte, und legte sich ins Bett.

So kam es, daß der Tagesangriff vom 14. Februar, der um 14 Uhr begann und das Zerstörungswerk vollendete, Hauptmann abermals im Schlaf überraschte. Eben wollte er mit Frau Margarete und Anni den Luftschutzkeller aufsuchen, als zehn kleinere Bomben in den Park niedergingen. Kurz danach explodierte fünfzehn Meter vor dem Häuschen eine schwere Bombe.

Gerhart Hauptmann saß im Mantel in einem Sessel. Er schlug den Kragen hoch, drückte den Hut tiefer in die Stirn und wartete ... »Ich wartete auf den Stoß, der mich erledigen würde«, sagte er kurz danach zu der Gefährtin, die den Vorgang so berichtet hat. Als die Schrecksekunde vorbei und die Lähmung gewichen war, sah man die Bescherung. Türen und Fenster waren zerbrochen, die Wände gerissen. Hauptmann war mit Mörtel überschüttet, als ob er eingeschneit in einer Winter-Landschaft sitze. So leblosstarr wirkte auch er – wie erfroren ...

Die beiden Frauen schafften ihn mit letzter Kraft in den Luftschutzkeller. Er rührte sich auch dort nicht, blieb – wie erfroren. Später stellte man die Lähmungen fest. Die Lebenskraft des Greises schien gebrochen.

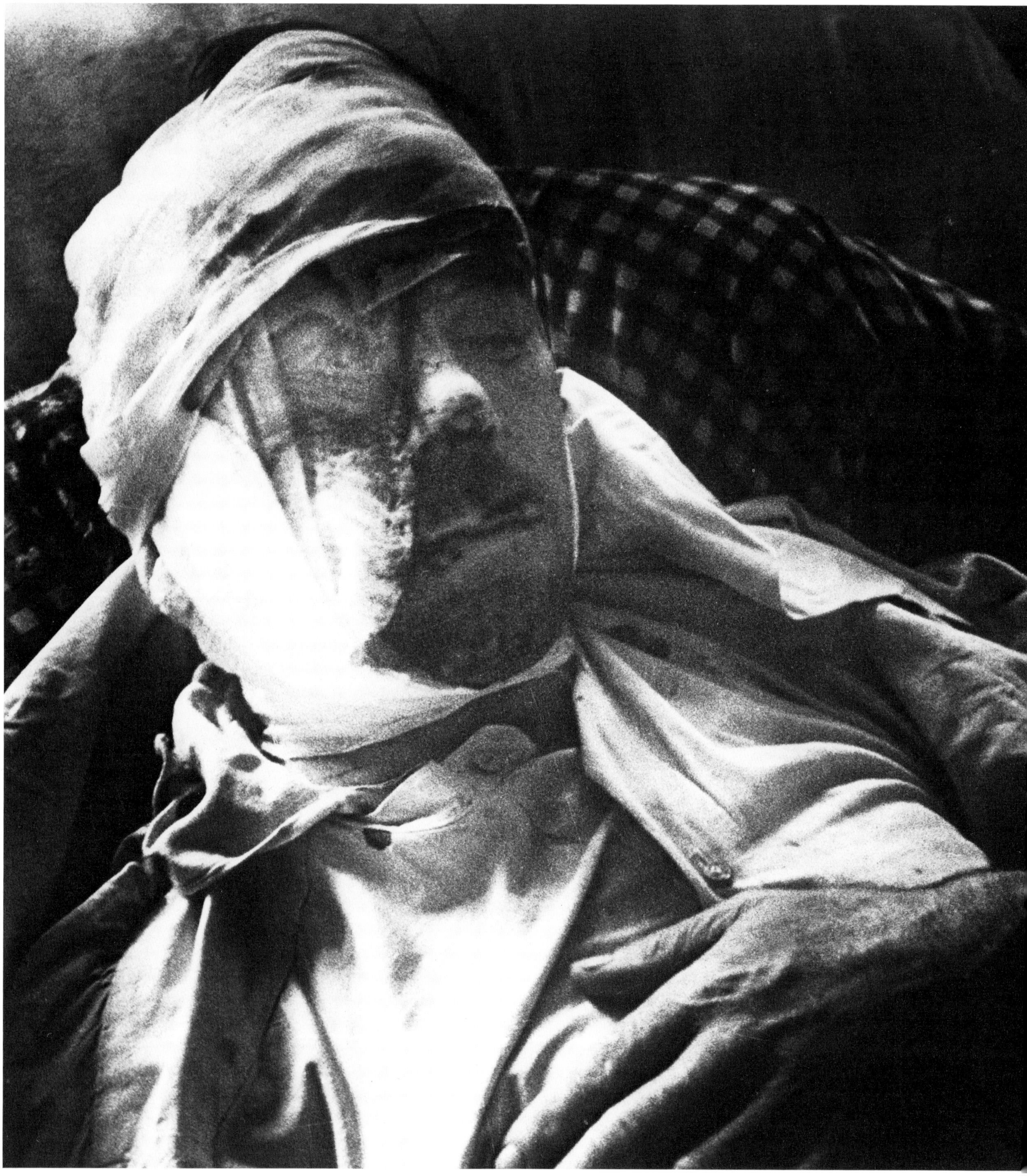

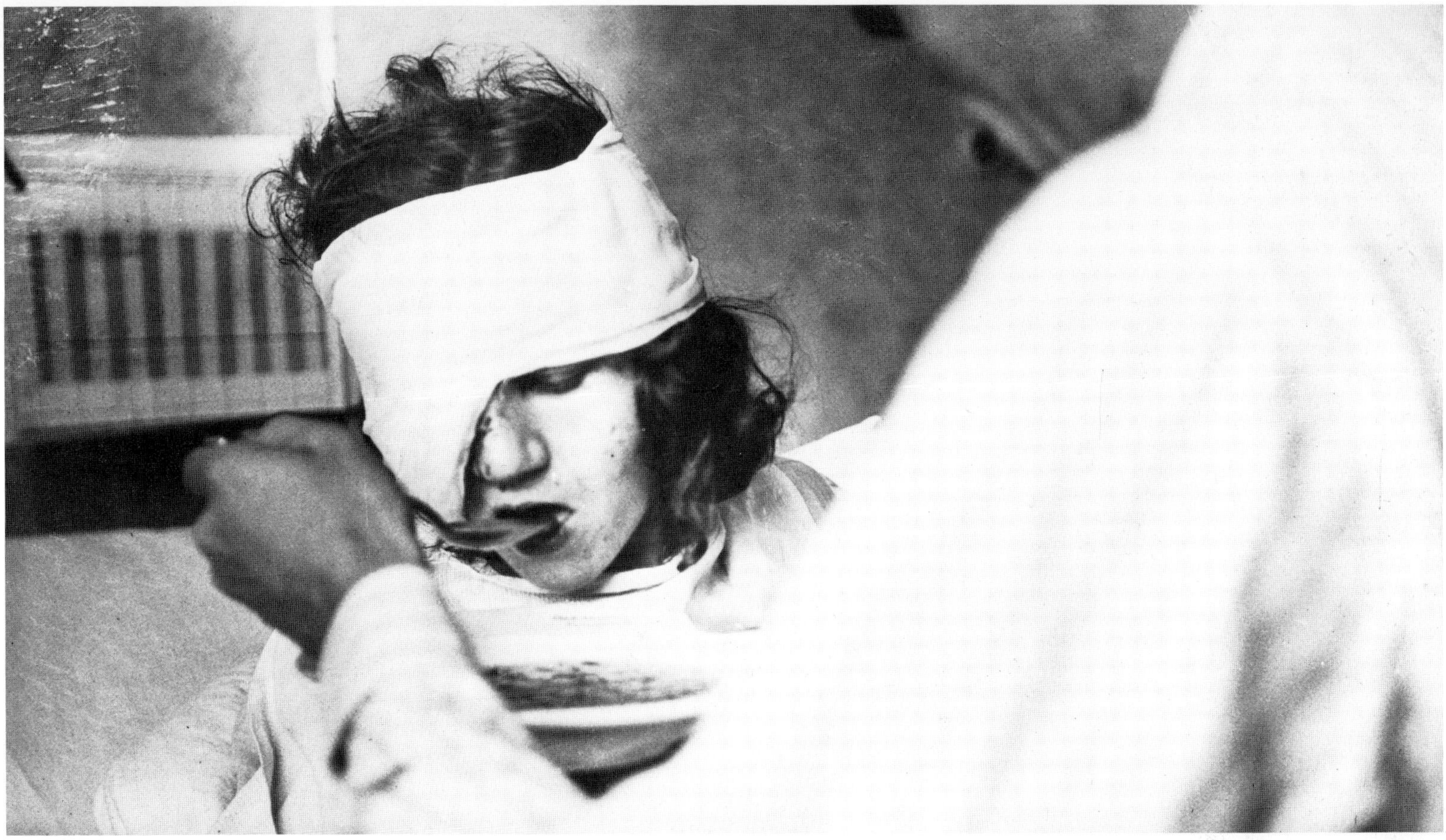

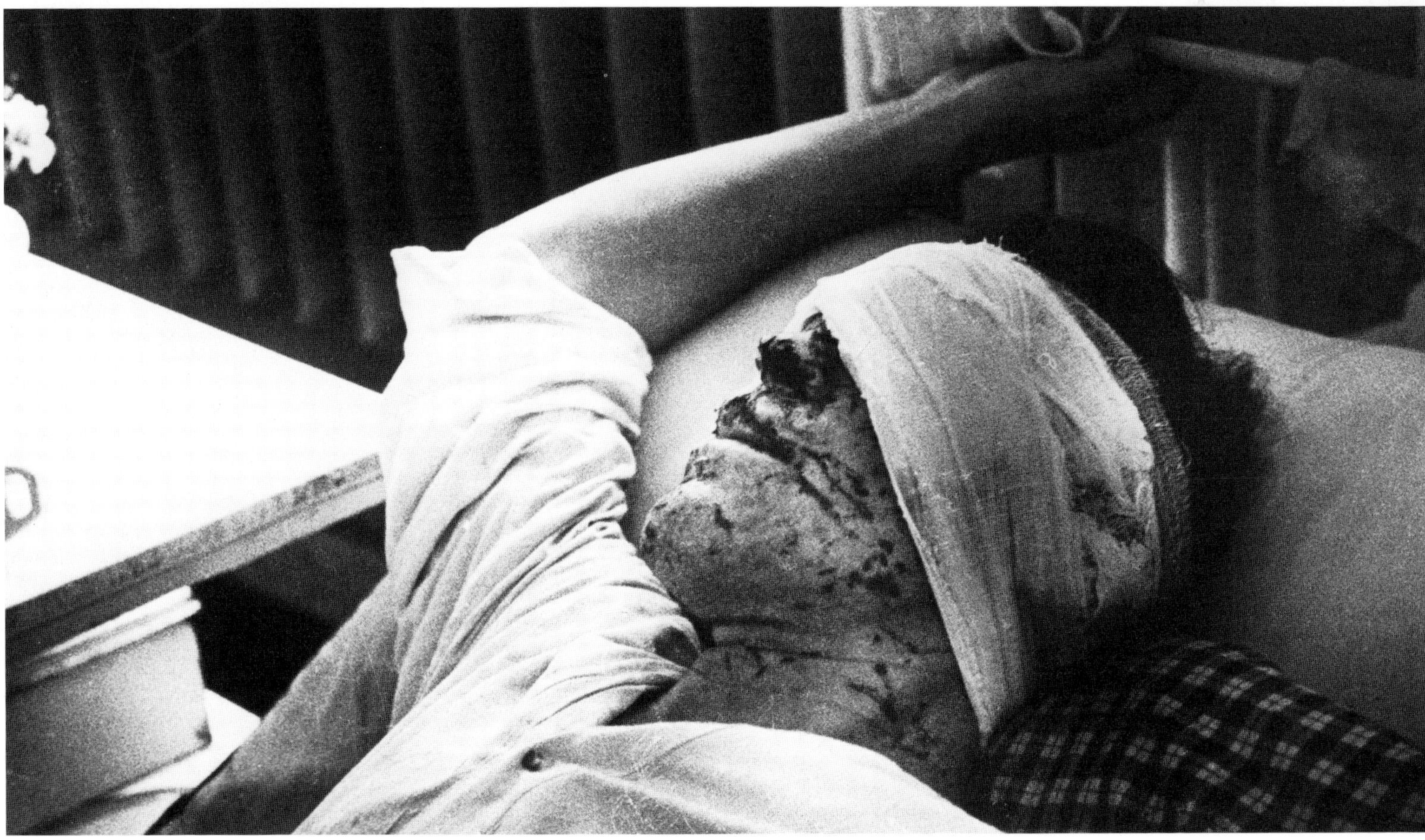

Verwundete

Luftschutzbunker in der Schloßstraße. Oberbürgermeister Dr. Karl Strölin beaufsichtigt die Arbeiten

Abb. oben: Eine Rettungskolonne bei der Suche nach Verschütteten am

Bergung von Toten aus dem Luftschutzbunker in der Schloßstraße

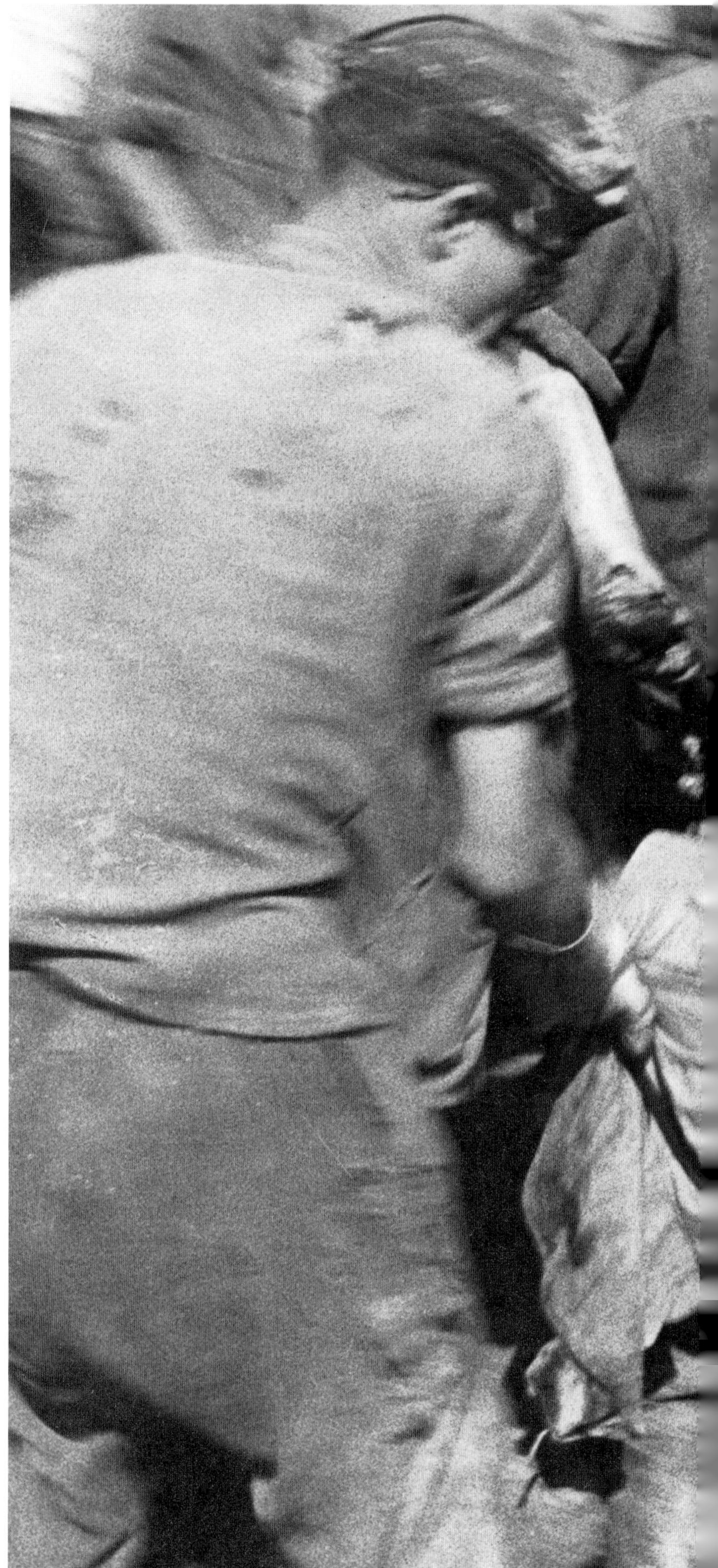

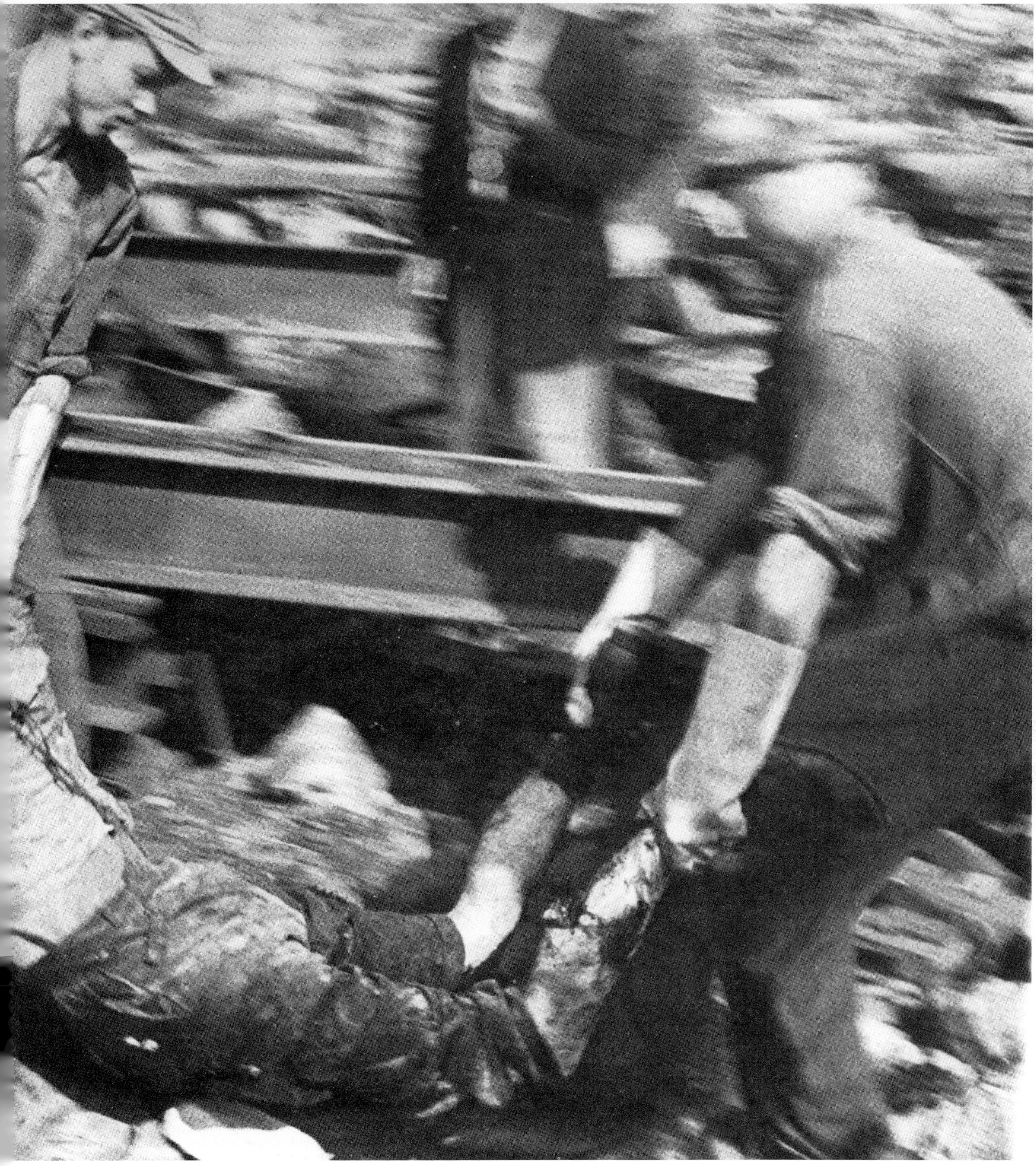

Bergung aus den Trümmern eines Industriebetriebes

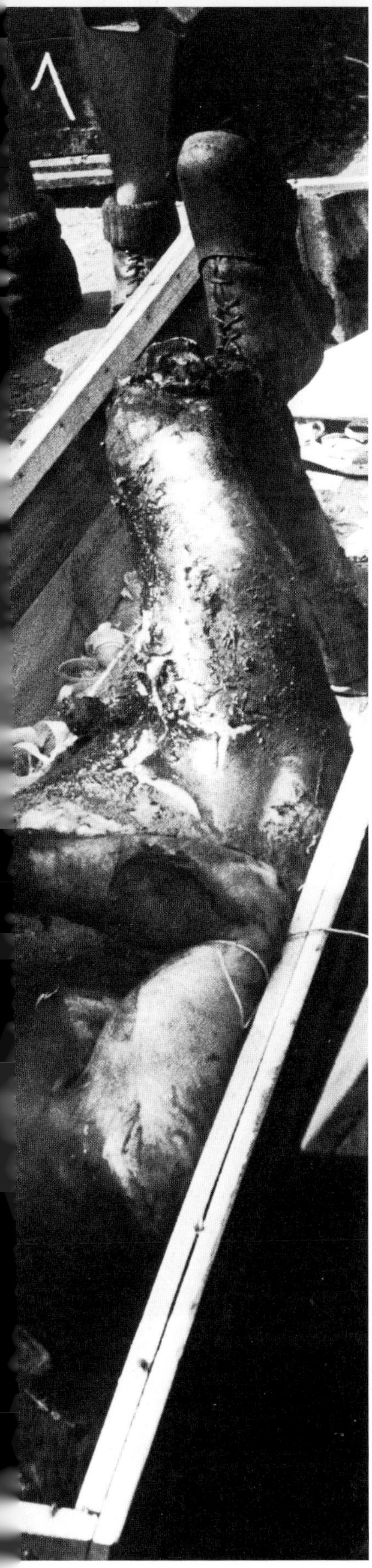
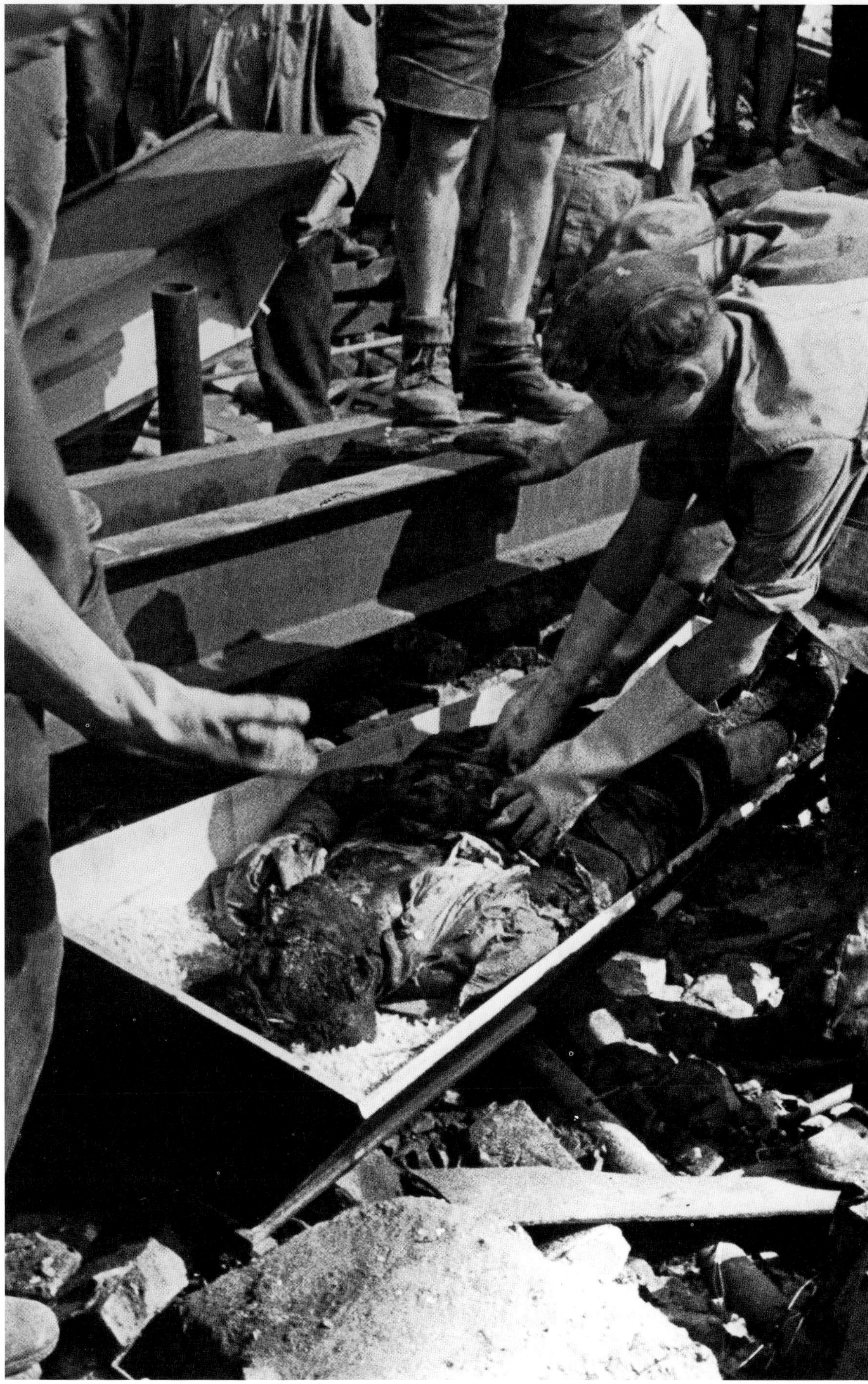

Identifizierung der Opfer eines Fliegerangriffs

Wohnviertel in Gablenberg

Calwer Straße in Richtung Kiene-straße

Ecke Calwer- und Büchsenstraße im Juli 1944, hinten die Hospitalkirche

In der Kronprinzstraße

Schmucktafel an einem Haus in der Lazarettstraße

Abb. oben: Die Paulinenstraße, rechts die Gerberstraße

Ecke Kronprinz- und Kanzleistraße,
hinten das Gewerkschaftshaus

Kreuzung Friedrich- und Lautenschlagerstraße

Die Regierungsbücherei in der Kronprinzstraße

Abb. oben: Das Waisenhaus am Charlottenplatz mit dem Reichssender Stuttgart

Am Westflügel des Rathauses, Ecke Hirschstraße und Neue Brücke

Abb. oben: Hinterlassene Informationen Ecke Lautenschlager- und Friedrichstraße

Ecke Friedrichstraße/Bolzstraße/
Lautenschlagerstraße

Lange Straße, Blick Richtung König-
straße

Stiftskirche und Mittnachtbau,
gesehen aus der Calwer Straße

Abb. oben: Blick von der Büchsen-
straße in die Kronprinzstraße

Das Steinhaus, das ehemals älteste Haus der Stadt

Ecke Eßlinger Straße und Charlottenplatz (früher Danziger Freiheit)

Ecke Neckar- und Schillerstraße nach dem Angriff vom 2. März 1944

Der Oberbürgermeister gibt einen »Wegweiser für Fliegergeschädigte« bekannt, in dem es u. a. heißt:

»1. Auskunft und erste Hilfe
In den Obdachlosen-Sammelstellen mit Notunterkünften, die in den einzelnen Schadensgebieten von der Stadtverwaltung eingerichtet sind, werden die Obdachlosen ... betreut. Um den Geschädigten die Gänge zu den verschiedenen städtischen Ämtern zu ersparen, hat die Stadtverwaltung bei den Obdachlosen-Sammelstellen Notdienststellen des städt. Kriegsschädenamts eingerichtet ... Ausländer werden in den Notdienststellen nicht versorgt; sie müssen sich vielmehr in allen Schadensfällen an die Abteilung Ausländerversorgung des Ernährungs- und Wirtschaftsamts ... wenden. Notwendige Gemeinschaftsverpflegung für Fliegergeschädigte, die über keine eigene Koch- oder Verpflegungsmöglichkeit mehr verfügen, führt die NSV in den Obdachlosen-Sammelstellen oder in den von Fall zu Fall festgelegten Gemeinschaftsverpflegungsräumen durch ... Wer an der Gemeinschaftsverpflegung teilnimmt, hat von einem noch zu bestimmenden Tage an Lebensmittelmarken abzugeben.

2. Ausweise
Jeder Fliegergeschädigte erhält von der Notdienststelle einen Ausweis ... Leistungen aller Art, insbesondere Unterkunft, Bekleidung, Lebensmittel- und Seifenkarten, Heilfürsorge und Geldvorschüsse werden nur auf Grund dieses Ausweises bewilligt ...

3. Bezugsberechtigungen
Auf den Notdienststellen werden Bezugscheine nur in Notfällen ausgestellt ... Die weitere Versorgung der Fliegergeschädigten mit Spinnstoff- und Schuhwaren sowie mit Haushaltsgerät (Porzellan, Küchengerät und dgl.) kann frühestens vom 5. Tage nach dem Angriff an bei den zuständigen Außenstellen des Ernährungs- und Wirtschaftsamts erfolgen ... Bezugsberechtigungen für Herde, Öfen, Möbel, Nähmaschinen und Rundfunkgeräte sind beim städt. Wirtschaftsamt ... zu beantragen ...

4. Unterkunft
Die Partei weist auf der Notdienststelle vorläufige Unterkunft in Notunterkünften oder Privatquartieren nach. Die Geschädigten werden jedoch gebeten, wenn möglich, selbst für Unterkunft bei Verwandten oder Bekannten zu sorgen ...

5. Wohnungsvermittlung
Wohnungen vermittelt das städt. Wohnungs- und Siedlungsamt ... Da die Zahl der zur Verfügung stehenden Wohnungen klein ist, können zunächst nur die dringendsten Fälle berücksichtigt werden ... Wenn die Möglichkeit besteht, wird Wegzug von Stuttgart empfohlen.

6. Bergung von Hausrat
Die Bergung von Möbeln und anderem Hausrat besorgt, soweit die Geschädigten einer Hilfe bedürfen, das städt. Straßenverkehrsamt ...

7. Gebäudeschäden
... Gebäudeschäden dürfen vom Geschädigten selbst keineswegs eigenmächtig beseitigt werden, sondern stets erst nach Genehmigung durch den Leiter der Sofortmaßnahmen oder seine beauftragten Bezirksbauleiter. Zur Durchführung der genehmigten Arbeiten stehen heute nur noch in ganz geringem Umfang Arbeitskräfte der Bauwirtschaft zur Verfügung, weshalb weitgehend die Selbst- und Gemeinschaftshilfe nach den besonders bekanntgegebenen Richtlinien eintreten muß ...

8. Schäden an beweglichen Sachen, Nutzungs- und Flurschäden
Solche Schäden melden die Geschädigten dem Kriegsschädenamt ... schriftlich an ...

9. Schäden durch Lohnausfall
Lohnausfälle infolge vorübergehender Betriebsstörung oder durch Arbeitszeitversäumnis wegen eigenen Schadens vergüten die Betriebsinhaber an ihre Gefolgschaft auf Rechnung des Arbeitsamts, jedoch im allgemeinen höchstens bis zu 14 Tagen.

10. Personenschäden
Zivilpersonen, die durch Fliegerangriff Schaden an Leib und Leben erleiden und deren Hinterbliebene erhalten auf Antrag Fürsorge und Versorgung ... durch das zuständige Versorgungsamt. Heilfürsorgeausweise für sofortige ärztliche oder Krankenhausbehandlung geben die städtischen Notdienststellen, die Dienststellen für Familienunterhalt und die Ortsämter aus. Dort sind auch die Anträge zu stellen auf Bewilligung von Renten, Bestattungsgeld, Hinterbliebenenversorgung sowie Umstellungsbeihilfe für solche Personen, deren notwendiger Lebensunterhalt infolge eines Personenschadens des Ernährers nicht mehr gesichert ist.«

In den Trümmern der Schlosserei
Waibel in der Hospitalstraße

Am Rotebühlplatz

Der ausgebrannte Friedrichsbau

Die Eichstraße in Blickrichtung Marktplatz

Abb. oben: Der Olgabau am Schloßplatz

Die Königstraße im Juli 1944, gesehen aus der Marienstraße

Abb. oben: Kanzlei-, Ecke Kronprinzstraße

Friedrichsplatz und Kronenstraße

Polizei-
Präsidium

Nach den Angriffen im Juli 1944

Huberstraße in Blickrichtung Schellingstraße

In der Schellingstraße

Abb. oben: An der Silberburg- und Tübinger Straße

Zerstörte Wohnhäuser, Bergung der letzten Habe

Zerstörung durch Luftminen im Westen. Unterer Herdweg, Relenberg- und Azenbergstraße

Notausstieg eines Haus in der Eßlinger Straße

Abb. oben: Die Rosenbergstraße im Westen, in der Straßenmitte sind Erdwälle mit Höhlen zum Schutz vor Splitter- und Brandbomben aufgeschüttet

In der Hohenheimer Straße,
September 1944

Günter Kunert

Reminiszenz

Was damals die an ihre Trümmer schrieben
als sie vor den Ruinen ihrer Städte standen
ist nachzuahmen uns geblieben
wenn auch die Trümmer längst verschwanden.

Zwei Worte die uns tröstend einbezogen
fern aller Klage allem Streben
die nichts verlangten und nicht logen –
heb deine Hand und schreib: Wir leben.

WIR LEBEN!

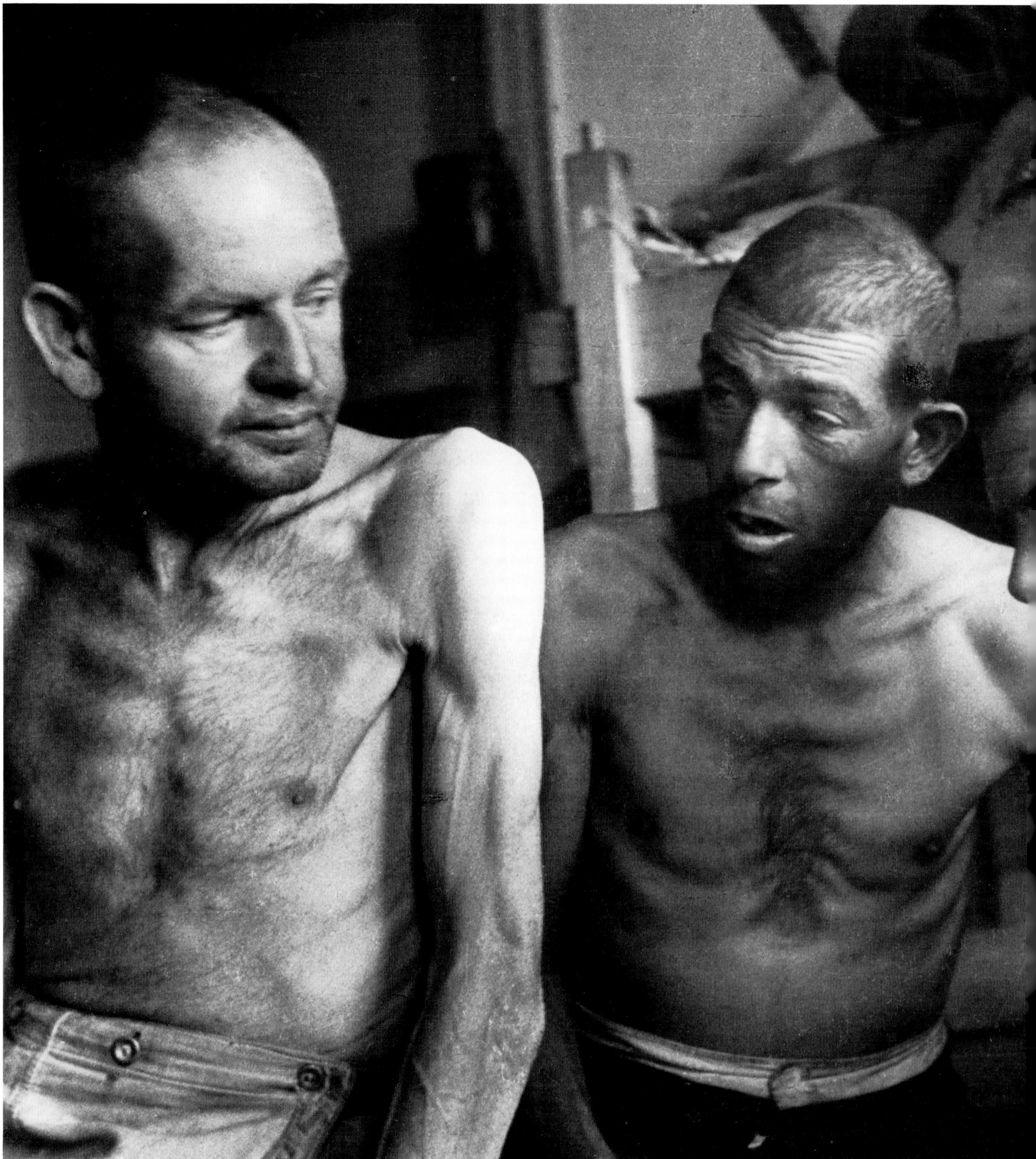

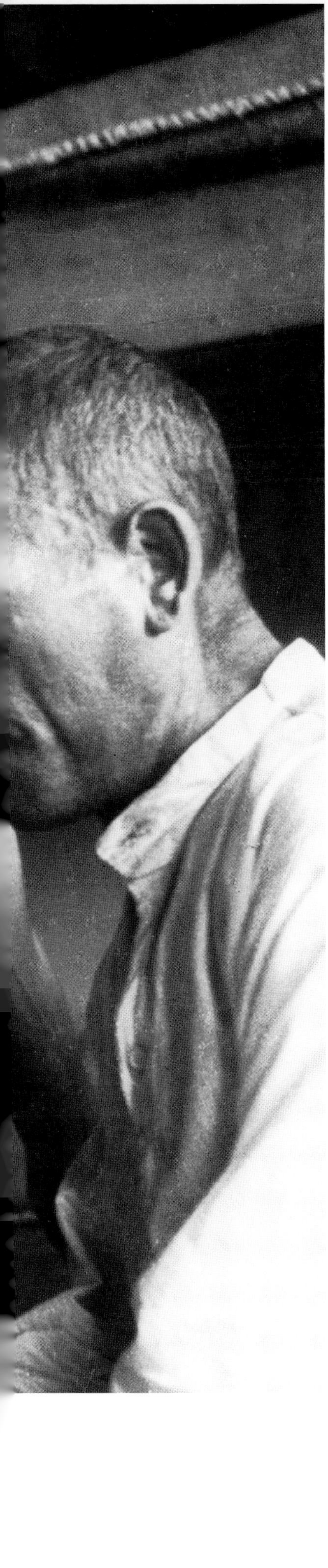

ited
eise

Heimkehrer

Gegen Ende des dreißigjährigen Krieges, am 17. Januar 1647, hat in der abgebrannten Ortschaft Gerstetten auf der Schwäbischen Alb ein Hausvater in seine Familienbibel geschrieben:

»Sie sagen, der schreckliche Krieg sei jetzt vorbei. Ist aber noch nirgends ein Fried zu spüren. Überall sind Neid, Hass und schlimmere Ding – der Krieg hat uns so gelehrt. Die Alten sind mit der Gottlosigkeit alt worden – wie sollten sie's noch lassen können vor ihrem Ende? Wir Leut leben wie die Tier, essen Rinden und Gras. Kein Mensch kann sich denken, dass so etwas vor uns geschehen sei. Viele Leut sagen, es sei jetzt gewiss, dass kein Gott sei...«

Bei Plinius heißt es: »Viele hoben die Hände zu den Göttern empor; noch mehr aber sagten, es gebe jetzt keine Götter mehr.«

Nicht ohne Hoffnung beschließt jener schwäbische Hausvater seinen Text: »Wir aber glauben, dass Gott uns nicht verlassen hat. Wir müssen jetzt alle beisammen stehen, inwendig und auswendig.«

Für weitere Textpassagen danken wir ferner dem Archiv
der Stadt Stuttgart, dem Militärarchiv des Bundesarchivs
in Freiburg, dem Projekt für Zeitgeschichte, Stuttgart,
und Herrn Dr. Hans-Dietrich Nicolaisen, Büsum.